초등학교 선생님이 알려주는 초등학생이 꼭 알아야 할
새콤달콤 고사성어 사전

제1판 제1쇄 발행 2019년 03월 18일
제1판 제3쇄 발행 2020년 06월 15일

지은이 한지혜 **그림** 최고은 **발행인** 조현성 **발행처** (주)미래와경영
ISBN 978-89-6287-194-4 73710 **값** 12,000원
출판등록 2000년 03월 24일 제25100-2006-000040호
주소 (08590) 서울특별시 금천구 가산디지털1로 84, 에이스하이엔드타워8차 1106호
전화번호 02) 837-1107 　　**팩스번호** 02) 837-1108
홈페이지 www.fmbook.com　**이메일** fmbook@naver.com

- **모델명:** 새콤달콤 고사성어 사전
- **제조년월:** 2019.03.18　　• **제조자명:** (주)미래와경영
- **주소 및 전화:** 서울특별시 금천구 가산디지털1로 84, 에이스하이엔드타워8차 1106호 / 02) 837-1107
- **제조국명:** 대한민국　　• **사용연령:** 5세 이상 어린이 제품

※ 이 책에 실린 모든 내용, 디자인, 이미지, 편집구성의 저작권은 지은이와 (주)미래와경영에 있습니다.
※ 이 책은 대한민국 저작권법에 따라 보호되는 저작물이므로 무단전제와 복제, 전송, 판매를 할 수가 없습니다.
※ 책 내용의 일부 또는 전부를 이용하려면 반드시 저작권자와 (주)미래와경영의 서면동의를 받아야 합니다.
Copyrights ⓒ2019 by Miraewagyungyoung Co. Ltd.
(08590) #1106, ACE HighEnd Tower8, 84, Gasan digital 1-ro, Geumcheon-gu, Seoul, Korea.
All rights reserved. The First Published by Miraewagyungyoung Co. Ltd., in 2019. Printed in Seoul, Korea.

■ 좋은 책은 독자와 함께합니다.
　책을 펴내고 싶은 소중한 경험이나 지식, 아이디어를 이메일 fmbook@naver.com으로 보내주세요.
　(주)미래와경영은 언제나 여러분께 열려 있습니다.

초등학교 선생님이 알려주는
초등학생이 꼭 알아야 할

새콤달콤 고사성어 사전

글 한지혜 | 그림 최고은

미래와경영

초등학교 교과서에 고사성어, 사자성어가 자주 등장합니다. 학생들은 고사성어와 친해지기를 어려워합니다. 정확한 뜻은 물론 어떤 상황에서 사용해야 하는지 모릅니다. 단순히 책에서만 배울 뿐 일상생활에 적용하기를 힘들어 합니다.

『새콤달콤 고사성어 사전』은 '각골난망'에서부터 '흥유성죽'까지 초등학생이 꼭 알아야 할 고사성어 80개를 가나다라순의 사전 형식으로 꾸몄습니다. 현직 초등학교 선생님이 어린이들의 눈높이에 맞게 흥미와 재미를 느낄 수 있도록 집필하였습니다.
이 책은 고사성어를 아이들의 교실과 주변 이야기, 그림으로 만나 쉽고 즐겁게 이해할 수 있도록 했습니다. 어휘력 향상은 물론, 직접 써 보며 더욱 깊이 고사성어를 맛볼 수 있습니다.

〈초등 국어 및 국어활동 교과서 관련 단원〉
6학년 1학기 1, 5단원
6학년 2학기 4단원

초등학생이 꼭 알아야 할 고사성어예요.

고사성어가 가지고 있는 뜻이에요.

01 각골난망 刻骨難忘

뜻풀이 받은 고마움이 뼈·마음까지 새겨져 잊혀지지 않음

쿡, 쿡, 쿡.
내 배를 누군가 바늘로 세게 찌르는 것 같아.
너무 아파.
1교시도 쿡 쿡 쿡.
2교시도 쿡 쿡 쿡.
더 이상 참을 수 없어.

바로 그때였어!

"선생님, 제 배꼽이 많이 아파 보여요.
보건실 데려다 주고와도 돼요?"

한자 음과 뜻
刻 새길 각 | 骨 뼈 골 | 難 어려울 난 | 忘 잊을 망

刻骨難忘

각 골 난 망
刻骨難忘

한자의 음과 뜻이에요.
한자를 따라 써 보세요.

고사성어와 잘 어울리는 교실과 주변 이야기예요.

차례

『새콤달콤 고사성어 사전』 사용법 …4

1	각골난망	…10
2	갑론을박	…12
3	견토지쟁	…14
4	계륵	…16
5	고장난명	…18
6	고진감래	…20
7	과유불급	…22
8	괄목상대	…24
9	군계일학	…26
10	권선징악	…28
11	금상첨화	…30
12	금의환향	…32

13	낙장불입	…34
14	낭중지추	…36
15	노발대발	…38
16	노심초사	…40

17	다다익선	…42
18	대기만성	…44
19	대동소이	…46
20	도원결의	…48
21	독서삼매	…50
22	동문서답	…52

23 동분서주 …54
24 동상이몽 …56

25 마부위침 …58
26 마이동풍 …60
27 맹모삼천 …62
28 명심불망 …64
29 무릉도원 …66
30 문전성시 …68
31 물아일체 …70

32 반포지효 …72
33 백문불여일견 …74
34 부화뇌동 …76
35 불철주야 …78

36 사면초가 …80
37 상전벽해 …82
38 새옹지마 …84
39 석고대죄 …86
40 설상가상 …88
41 소이부답 …90
42 소탐대실 …92
43 순망치한 …94

44	아전인수	…96
45	안하무인	…98
46	어부지리	…100
47	언중유골	…102
48	역지사지	…104
49	오매불망	…106
50	오십보백보	…108
51	오합지졸	…110
52	외유내강	…112
53	용두사미	…114
54	우유부단	…116
55	유비무환	…118
56	유지경성	…120
57	을야지람	…122
58	이구동성	…124
59	이심전심	…126
60	일각삼추	…128
61	일거양득	…130
62	일석이조	…132
63	일심동체	…134

64	작심삼일	…136
65	적반하장	…138
66	전심전력	…140
67	조삼모사	…142
68	좌불수당	…144

69 주객전도 ···146
70 죽마고우 ···148
71 지성감천 ···150

72 천고마비 ···152
73 천군만마 ···154
74 천재일우 ···156
75 측은지심 ···158

76 표리부동 ···160

77 함흥차사 ···162
78 호가호위 ···164
79 화양연화 ···166
80 흉유성죽 ···168

〈새콤달콤 고사성어 퀴즈〉 ···170

01 각골난망 刻骨難忘

한자 음과 뜻

刻 새길 각 | 骨 뼈 골 | 難 어려울 난 | 忘 잊을 망

刻 骨 難 忘

뜻풀이

받은 고마움이 뼈에까지 새겨져 잊혀지지 않음

콕. 콕. 콕.

내 배를 누군가 바늘로 세게 찌르는 것 같아.

너무 아파.

1교시도 콕 콕 콕.

2교시도 콕 콕 콕.

더 이상 참을 수 없어.

바로 그때였어!

"선생님, 제 짝꿍이 많이 아파 보여요.
보건실 데려다 주고와도 돼요?"

02 갑론을박 甲論乙駁

 한자 음과 뜻

甲 첫째 갑 | 論 논할 논 | 乙 둘째 을 | 駁 반박할 박

뜻풀이

누가 이기나 아주 치열하게 토론함

"내 토끼 모자가 더 귀여워!"
"내 돼지 모자가 더 귀여워!"

둘째 동생과 셋째 동생이 싸워요.
내가 보기엔 똑같이 둘 다 귀여운데
활활 불꽃을 튀기며 다투어요.
괜히 불똥 튈까 나한테 물어보지만 않았으면 좋겠어요.

"언니는 어떻게 생각해?"
"누나는 어떻게 생각해?"

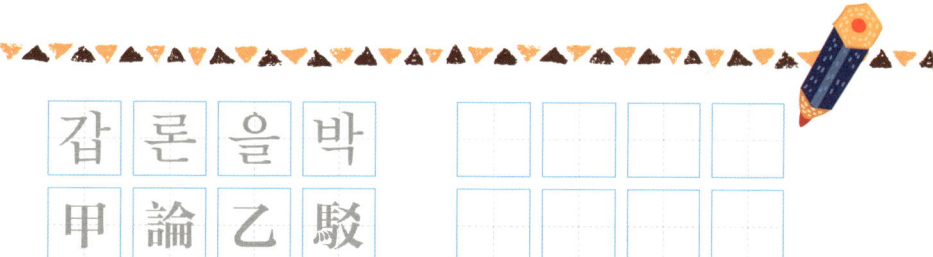

갑 론 을 박
甲 論 乙 駁

03 견토지쟁 犬兔之爭

한자 음과 뜻

犬 개 견 | 兔 토끼 토 | 之 ~의 지 | 爭 다툴 쟁

犬 兔 之 爭 ☐ ☐ ☐ ☐

> **뜻풀이**
> 둘의 싸움에서 엉뚱한 사람이 이익을 봄

시원한 가을날, 내가 좋아하는 동물원에 놀러 갔어.
꼬리가 긴 원숭이가 너무 귀여워.
새우깡 하나를 들고 줄까 말까 약 올렸어.
원숭이 메롱 키득키득 우헤헤헷.
왠지 원숭이가 화가 난 것 같아.

그때였어.
"공주님, 동물에게 과자를 주면 안 됩니다."
아빠 입으로 쏘옥.

으아앙 내 새우깡.

견토지쟁
犬兔之爭

계륵　鷄肋

鷄 닭 계 | **肋** 갈빗대 륵

뜻풀이

• 이러지도 저러지도 못하는 상황

여긴 슈퍼마켓이에요.
먹고 싶은 걸 딱 하나만 골라야 해요.

달콤 쌉싸래한 초콜릿을 살까?
아냐, 초콜릿은 입 안에서 빨리 녹으니깐
동글동글 좀 더 오래 먹을 수 있는 사탕을 사자!
슬며시 초콜릿을 놓고 사탕을 들었어요.

계산하러 가는 길, 눈앞에 과자가 있어요.
아냐, 바스락바스락 과자를 살까?

05 고장난명 孤掌難鳴

한자 음과 뜻

孤 외로울 고 | 掌 손바닥 장 | 難 어려울 난 | 鳴 울 명

| 孤 | 掌 | 難 | 鳴 | | | | |

> **뜻풀이**
> 혼자서 아무것도 할 수 없음

연날리기하러 왔어요.
다다다 다!
다다다 닷!
다다다 닥!
다다다 툭…….

왜 이러지. 이상하다.
저번에 할머니가 살짝 들어 주셨을 때는
하늘 높이 높이 날았는데,
왜 오늘은 내 키만큼도 못 나는 거야…….

할머니랑 같이하고 싶어.

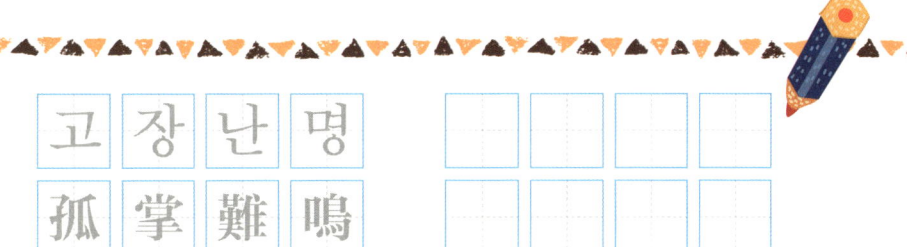

06 고진감래 苦盡甘來

한자 음과 뜻

苦쓸고 | 盡다할진 | 甘달감 | 來올래

| 苦 | 盡 | 甘 | 來 |  | | | |

> **뜻풀이**
>
> **고생 끝에 기쁨이 옴**

할머니와 함께 등산을 갔어요.
"너무 힘들어요. 그만 올라갈래요."
"우리 강아지 조금만 힘내렴. 멋진 선물이 기다리고 있을 거란다."

씩씩. 쌕쌕. 헉헉.
드디어 정상이야!

시원한 바람과 함께 팔각정에서 마시는 사이다는
정말 꿀맛이야.
"야호!"

07 과유불급 過猶不及

한자 음과 뜻

過 지나칠 과 | 猶 오히려 유 | 不 아닐 불 | 及 미칠 급

過	猶	不	及				

뜻풀이

정도가 너무 지나치면 미치지 못한 것과 같음

연필 쓰는 소리만 들리는 아주 조용한 시간.
수학 단원평가 시간이에요.

꾸룩 꾸룩.
내 배에서는 자꾸 소리가 나요.
티라노사우르스가 사는 것 같아요.

"아까 김치볶음밥을 너무 많이 먹었나?"

푸른 초원 위 날뛰는 티라노사우르스를 어쩌면 좋을까요.

08 괄목상대 刮目相對

한자 음과 뜻

刮 비빌 괄 | 目 눈 목 | 相 서로 상 | 對 대할 대

뜻풀이
다른 사람의 지식, 재주가 놀랄 만큼 크게 나아짐

"아빠, 장군이요~"

아빠와 장기를 두고 있어요.

'그다음 아빠는 차를 움직일 테니 내가 포로 막을 거야.'

역시!

이번엔 포와 차를 바꾸시겠지?

우하하하 아빠의 수가 읽히는군.

"우리 아들, 실력이 부쩍 늘었는걸?"

"아빠, 빨리 설거지하세요! 다음 판은 간지럼 참기 내기해요!"

| 괄 | 목 | 상 | 대 | | | | |
| 刮 | 目 | 相 | 對 | | | | |

09 군계일학 群鷄一鶴

한자 음과 뜻

群 무리 군 | **鷄** 닭 계 | **一** 한 일 | **鶴** 학 학

뜻풀이

여러 평범한 사람 중에 있는 아주 뛰어난 사람

따뜻한 햇살이 비치는 어느 봄날, 소풍을 갔어요.
아주 많은 학교에서 왔나 봐요.

내 짝꿍 어디 있지?
아! 바로 저기 있다!
1초 만에 찾을 수 있어요.

왜냐하면…….

내 짝꿍은 키가 크거든요.
하늘만큼 기린만큼 키다리 아저씨만큼!

군 계 일 학
群 鷄 一 鶴

10 권선징악 勸善懲惡

한자 음과 뜻

勸 권할 권 | 善 착할 선 | 懲 벌줄 징 | 惡 악할 악

勸 善 懲 惡

뜻풀이

착한 일을 한 사람은 칭찬 받고
나쁜 일을 한 사람은 벌을 줌

오늘은 학급 임원 선거일이에요.

후보는 윤환이, 지혜, 선아, 승규네요.

과연 누가 가장 많은 표를 받을지 너무 궁금해요.

우와!

윤환이가 20표를 받았어요.

윤환이는 평소에 지우개도 잘 빌려주고요. 청소도 정말 반짝이게 해요.

어랏!

승규는 달랑 1표를 받았어요.

승규는 평소에 나를 돼지라고 놀리고요.

급식시간에 새치기도 정말 많이 해요.

저는 이미 윤환이가 반장이 될 줄 알고 있었답니다.

| 권 | 선 | 징 | 악 |
| 勸 | 善 | 懲 | 惡 |

11 금상첨화 錦上添花

한자 음과 뜻

錦 비단 금 | 上 위 상 | 添 더할 첨 | 花 꽃 화

錦 上 添 花

> **뜻풀이**
>
> 좋은 일에 또 좋은 일이 계속 일어남

"엄마, 저 오늘 반장 됐어요!"
"우리 딸 최고네!"
엄마 칭찬을 들으니 둥둥 하늘을 날아갈 것 같아.

"아빠, 저 20표나 받았어요!"
"우리 가족 오늘 피자 먹으러 가자."
내가 제일 좋아하는 음식이 바로 피자야.

"누나, 나 잘했지?"
"내 동생 잘했다. 여기 축하 선물이야."

12 금의환향 錦衣還鄉

한자 음과 뜻

錦 비단 금 | 衣 옷 의 | 還 돌아올 환 | 鄕 고향 향

錦 衣 還 鄕

> 뜻풀이

성공해서 고향에 돌아옴

학교 대표로 그림 대회에 나갔어요.
버스를 아주 오랫동안 타고 멀리까지 다녀왔어요.

나 잘했을까요?
그럼요, 최선을 다한 걸로 충분하겠죠?

주말이 지나고 학교에 등교했어요.
어머! 정문에 내 이름이 걸린 플래카드가 있어요!

[축하합니다! 대상 기쁨초등학교 한사랑]

아침 방송 시간에 교장 선생님께 상장도 받았어요.

왠지 나 유명한 사람이 된 것만 같아요.

13 낙장불입 落張不入

한자 음과 뜻

落 떨어질 낙 | 張 벌일 장 | 不 아닐 불, 아닐 부 | 入 들 입

落 張 不 入

> **뜻풀이**
> 이미 낸 패를 돌이키기 위해 다시 집어 들지 못함

"절대 안 돼!"
"한 번만, 딱 한 번만, 제발?"

스페이스 4를 내야하는데, 하트 4를 내버렸어요.
순간 눈이 안 보였나봐요.

딱 한 번만 봐주라고 하는데도
누나는 절대 안 봐줘요.
너무 치사해요!

"딱 한 번만?"
"이미 끝났어."

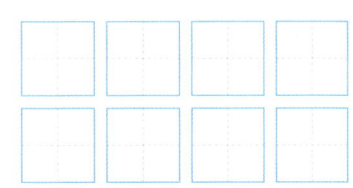

14 낭중지추 囊中之錐

한자 음과 뜻

囊 주머니 낭 | 中 가운데 중 | 之 ~의 지 | 錐 송곳 추

| 囊 | 中 | 之 | 錐 | | | | |

뜻풀이

재능이 뛰어난 사람은 아무리 숨어 있어도 저절로 알려짐

모두 함께 노래를 부르는 합창 시간이에요.
두 팀으로 나누어 부르기로 했어요.

홀수와 짝수!
짝수가 훨씬 잘하네?

남자와 여자!
남자팀 노래 한 번 더 듣고 싶어.

1분단과 2분단!
2분단 목소리는 은쟁반에 옥구슬이 굴러가는 소리 같아.

아!
짝수팀, 남자팀, 2분단팀에는 꾀꼬리 같은 준후가 있었구나!

낭 중 지 추
囊 中 之 錐

15 노발대발 怒發大發

한자 음과 뜻

怒 화낼 노 | 發 드러낼 발 | 大 큰 대 | 發 드러낼 발

| 怒 | 發 | 大 | 發 |  |

> **뜻풀이**
>
> **・아주 크게 화를 냄**

내가 아껴두었던 초코 아이스크림을 동생이 먹어버렸어.

아까워서 한 입 먹고 넣어두고,
또 한 입 먹고 넣어두었던 건데.
딱 두 입 먹은 거였는데.
"너 내꺼 왜 먹어!"

쪼르르르.
"엄마, 누나가 나한테 화내요."
엄마는 동생이니깐 넓은 마음으로 봐달라고 나한테 이야기하셨어.

흥! 엄마도 동생도 다 미워!

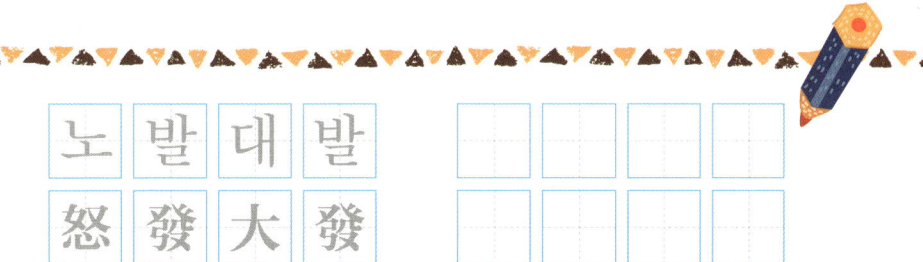

노발대발
怒發大發

16 노심초사 勞心焦思

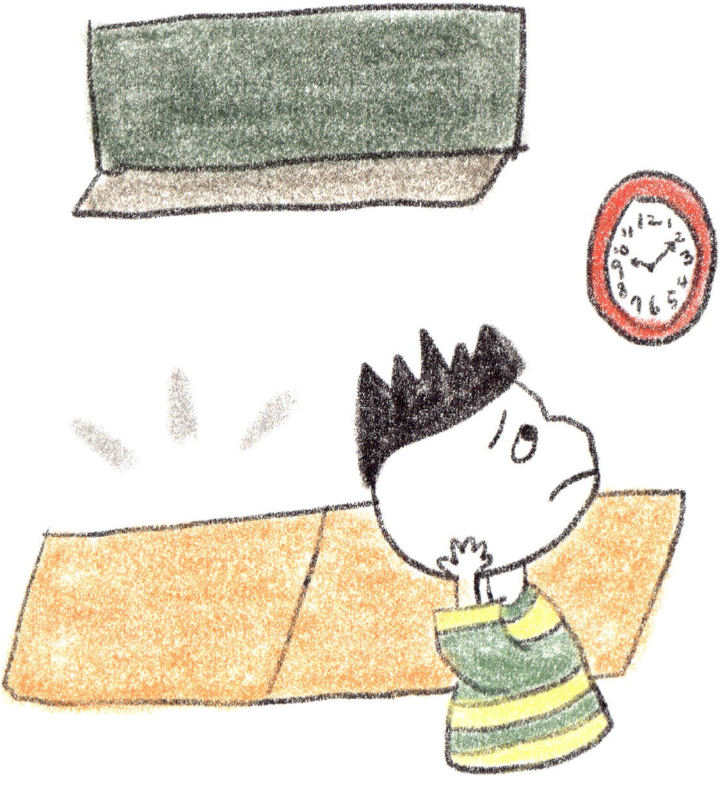

한자 음과 뜻

勞 일할 노 | **心** 마음 심 | **焦** 탈 초 | **思** 생각 사

勞	心	焦	思				

뜻풀이

마음이 바쁘게 걱정과 생각이 아주 많음

9시 땡.
아직 짝꿍이 학교에 오지 않았어.
무슨 일이지?

빨리 와서 아침 수학 활동해야 하는데…….
어떡하지?
주말 동안 감기에 걸렸나?
설마 독감은 아니겠지?
독감이면 일주일 동안 학교에 못 오는데…….
혹시 늦잠을 잤나?
아니면 배탈이 났나?

짝꿍 왜 안 왔냐고 선생님께 여쭈어볼까?
5분만 더 기다려 볼까?

17 다다익선 多多益善

한자 음과 뜻

 多 많을 다 |  多 많을 다 | 益 더할 익, 넘칠 일 |  善 착할 선

多 多 益 善

뜻풀이

많으면 많을수록 더 좋음

내일 딱지 시합이 있어.

지금 나한테 있는 종이는 딱 4장이야.

대왕 딱지 1개를 만들까?

쫄병 딱지 4개를 만들까?

아무래도 1개보단 4개야.

딱지가 많을수록 여러 번 도전할 수 있으니까.

빨리 내일이 왔으면 좋겠어!

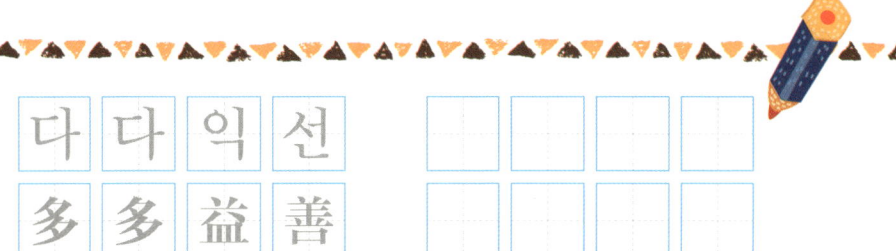

다 다 익 선

多 多 益 善

18 대기만성 大器晚成

한자 음과 뜻

大 큰 대 | 器 그릇 기 | 晚 늦을 만 | 成 이룰 성

大 器 晚 成 ☐ ☐ ☐ ☐

크게 될 사람은 늦게 이루어짐

친구와 함께 앨범을 보고 있어요.

친구가 물어봐요.
"사진 속 이 사람 누구야? 누군데 이렇게 키가 작아?"
"나야 나."
"말도 안 돼. 넌 지금 우리 반에서 제일 크잖아!"

나는 1학년 때 키가 제일 작았어요.
내 자리는 항상 맨 앞이었죠.

그래서 다짐했어요.
하루도 빠지지 않고 줄넘기를 10분씩 하겠다고요!

대 기 만 성
大 器 晚 成

19 대동소이 大同小異

한자 음과 뜻

大 큰 대 | 同 한가지 동 | 小 작을 소 | 異 다를 이

大 同 小 異

뜻풀이

거의 같고 아주 조금 다름

우리 반 하은이는 나랑 정말 닮은 점이 많아.

나는 유하은, 하은이는 이하은.
나는 갈색 머리, 하은이도 갈색 머리.
내 코는 오똑한 코, 하은이 코도 오똑한 코.
내 눈은 동그란 눈, 하은이 눈도 동그란 눈.
내가 좋아하는 과목은 국어, 하은이가 좋아하는 과목도 국어.

딱 하나 다른 점이 있어.
나는 아빠가 좋은데, 하은이는 엄마가 좋대.

대 동 소 이
大 同 小 異

20 도원결의 桃園結義

桃 복숭아 도 | 園 동산 원 | 結 맺을 결 | 義 옳을 의

| 桃 | 園 | 結 | 義 | | | | |

뜻풀이

서로 다른 사람들이 모여
목적을 향해 함께 행동할 것을 맹세함

점심시간이 너무 짧아.
10분 만 더 길었으면 좋겠어.

운동장에 쓰레기가 너무 많아.
학교가 깨끗했으면 좋겠어.

"너도 그렇게 생각해?"
"나도 그렇게 생각해!"

그럼 우리 함께해 볼까?
이렇게 우리는 전교학생 임원 선거 포스터를 함께 만들게 되었어요.

도 원 결 의
桃 園 結 義

21 독서삼매 讀書三昧

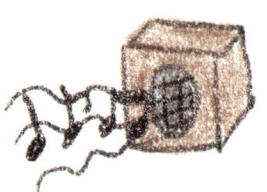

한자 음과 뜻

讀 읽을 독 | 書 글 서 | 三 석 삼 | 昧 어두울 매

讀 書 三 昧

뜻풀이

책 읽기에 푹 빠짐

"짝꿍! 종 쳤어, 수학 책 꺼내야지!"
내 짝꿍은 어마어마한 책벌레예요.

앉아도 서도 걸을 때도 책을 읽어요.
교실에서도 복도에서도 운동장에서도 책을 읽어요.

게다가 가장 신기한 건 쉬는 시간에도 책을 읽어요.
그래서 수업 시작 종소리도 못 듣는 거 있지요?
매일 내가 수업 시작이라고 알려줘야 해요.

책이 엄청나게 재미있나 봐요.

독 서 삼 매
讀 書 三 昧

22 동문서답 東問西答

한자 음과 뜻

東 동녘 동 | 問 물을 문 | 西 서녘 서 | 答 대답 답

| 東 | 問 | 西 | 答 | | | | |

뜻풀이

질문과 전혀 상관없는 엉뚱한 말을 함

아빠와 함께 소파에 앉아 TV를 보아요.

아빠에게 물었어요.
"아빠는 얼굴에 왜 이렇게 수염이 많아요?"

아빠가 대답하셨어요.
"대한민국 골! 딸아, 아빠 너무 기쁘다!"

그러고선 나를 숨도 못 쉴 정도로 꽉 안으셨어요.

동문서답
東問西答

23 동분서주 東奔西走

한자 음과 뜻

東 동녘 동 | 奔 달릴 분 | 西 서녘 서 | 走 달릴 주

뜻풀이

이리저리 바쁘게 돌아다님

오늘은 집 대청소하는 날이야.
우리 가족은 모두 자기 역할이 있지.
내 역할은 걸레질이야.

"아들, 베란다에 있는 엊그제 산 새로운 그릇들 깨끗이 닦아줘요."
베란다로 후다다닥. 그릇 청소 끝!

"동생, 내 방에 있는 인형 먼지 좀 닦아줘요."
누나 방으로 쌔애애앵. 인형 청소 끝!

"형아, 내 방에 있는 조약돌 하얗게 닦아줘요."
동생 방으로 헐레벌떡.

휴우. 다 했다…….

"아들, 마지막으로 식탁 좀 닦아줘요."

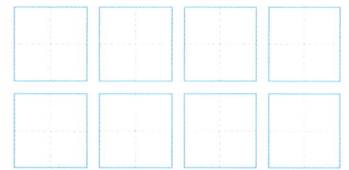

24 동상이몽 同床異夢

한자 음과 뜻

同 한가지 동 | 床 평상 상 | 異 다를 이 | 夢 꿈 몽

| 同 | 床 | 異 | 夢 | | | | |

뜻풀이

겉으로는 같은 일을 하면서
속으로는 각자 다른 생각을 함

내일은 현장체험학습 가는 날이에요.

도시락은 무엇을 싸갈까?

간식은 뭐가 좋을까?

너무너무 신이 나요.

그런데 선생님은 아까부터 계속 안전에 대해서만 말씀하셔요.

무언가 걱정이 많이 되나 보아요.

선생님도 나처럼 신나는 거 맞죠?

동 상 이 몽
同 床 異 夢

25 마부위침 磨斧爲針

한자 음과 뜻
磨 갈 마 | 斧 도끼 부 | 爲 만들 위 | 針 바늘 침

뜻풀이

· 아무리 힘든 일도 끝까지
포기하지 않으면 결국 성공함

오래달리기를 잘하고 싶어.
아빠랑 운동장 10바퀴를 달리기로 했어.

5바퀴째, 헥헥헥.
7바퀴째, 헉헉헉.

"아빠, 그만하고 싶어요."
"아들, 끝까지 포기하지 말자."
드디어 다 돌았어! 해냈어!

결국 나는 우리 학교 대표 선수가 됐어.
아빠 감사해요!

26 마이동풍 馬耳東風

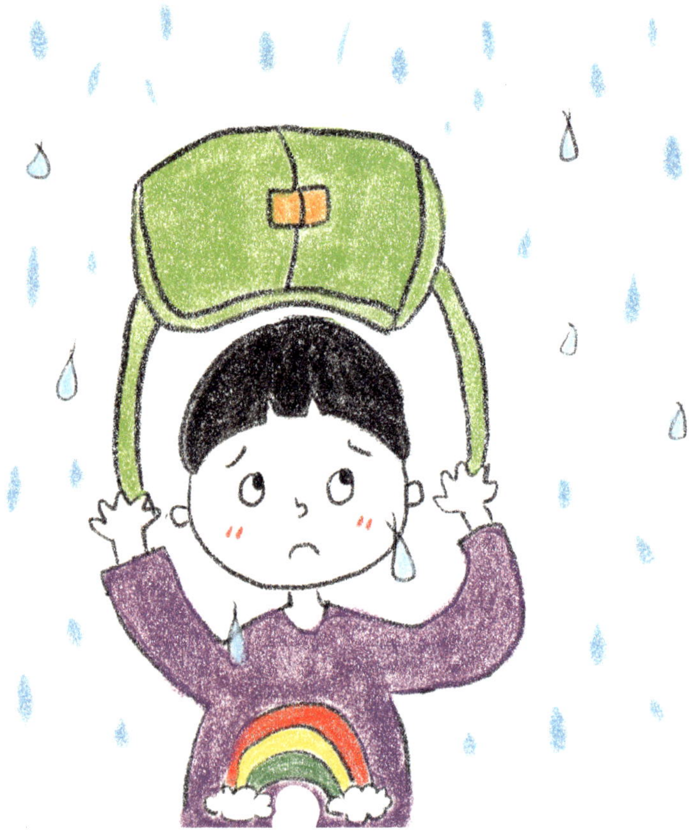

한자 음과 뜻

馬 말 마 | **耳** 귀 이 | **東** 동녘 동 | **風** 바람 풍

馬	耳	東	風				

뜻풀이

남의 의견을 조금도 귀담아 듣지 않음

어제 선생님께서 말씀하셨어.
"내일 비 소식이 있으니 우산 꼭 챙기세요."
오늘 아침 엄마께서 말씀하셨어.
"아들, 우산 꼭 챙겨."
누나도 말했어.
"동생, 우산 챙겼지?"

지금 비 안 오는데 왜 그러지?
우산은 무겁기만 한 걸!
우산을 챙기지 않고 그냥 학교에 갔어요.

우르릉 쾅쾅! 후두두둑.
하굣길에 비를 쫄딱 맞았지 뭐예요.

| 마 | 이 | 동 | 풍 |
| 馬 | 耳 | 東 | 風 |

27 맹모삼천 孟母三遷

한자 음과 뜻

孟 맏 맹 | 母 어머니 모 | 三 석 삼 | 遷 옮길 천

> 뜻풀이

교육에는 주변 환경이 중요함

낑낑낑.

"여보, 여기 좋아요?"

아빠는 아침부터 컴퓨터를 옮기느라 씨름하고 계세요.

거실에 있던 컴퓨터를 옷방으로 옮겼거든요.

그런데 엄마의 표정이 영 심상치 않아요.

영차영차.

"여보, 여기는 어때요?"

이번에는 피아노 방으로 옮겼어요.

이번에도 엄마의 표정은 뭔가 딱딱해요.

"여보, 이곳은 어때요?"

"여보, 아무래도 아이들 공부를 위해서 컴퓨터를 없애는 게 좋겠어요."

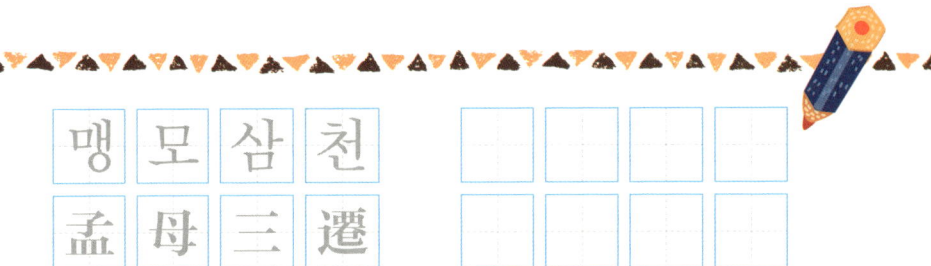

| 맹 | 모 | 삼 | 천 |
| 孟 | 母 | 三 | 遷 |

28 명심불망 銘心不忘

銘 새길 명 | **心** 마음 심 | **不** 아닐 불 | **忘** 잊을 망

> **뜻풀이**
> 마음에 깊이 새기어 오래 잊지 아니함

우리 선생님이랑 6년 내내 같은 반 하고 싶어.
우리 반 선생님 너무 좋았는데…….
헤어지려니 정말 아쉬워.

선생님과 함께 학교 산책하며 나눈 이야기
꼭 잊지 않을 거야.
점심시간에 선생님이 나한테 준 닭다리도
꼭 기억할 거야.
선생님이 발표 잘한다고 칭찬해 주신 것도
오래오래 생각날 거야.

스승의 날 때마다 편지 보낼 거야.

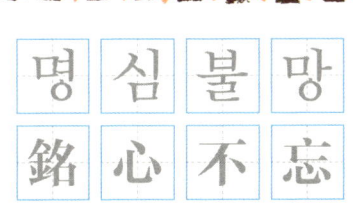

29. 무릉도원 武陵桃源

한자 음과 뜻

武 호반 무 | 陵 언덕 릉 | 桃 복숭아 도 | 源 근원 원

| 武 | 陵 | 桃 | 源 | | | | |

> **뜻풀이**
>
> ## 이 세상이 아닌 아주 좋은 곳

오늘은 토요일.

학교에 가지 않아. 학원도 안 가.

가족들 모두 할아버지 댁에 갔어.

나 혼자 집에 있어.

엄마 몰래 모아둔 용돈으로 피자랑 치킨도 시켜 먹었어.

콜라랑 사이다도 마음껏 먹었어.

아빠가 없으니 양치질하지 않아도 돼.

스마트폰도 마음대로 할 수 있어.

텔레비전도 마음껏 볼 수 있지.

동생을 돌보지 않아도 돼.

오늘은 내 마음대로 하는 날!

완전 자유다!

쿠울쿠울…….

30 문전성시 門前成市

門 문 문 | 前 앞 전 | 成 이룰 성 | 市 저자 시

門 前 成 市

뜻풀이

많은 사람들이 모여 있음

크리스마스이브를 맞이해 어떤 행사를 할지 투표 중이야.

첫째. 네일 아트
둘째. 겨울 패션쇼
셋째. 트리 꾸미기
넷째. 카드 만들기

어디에 투표를 할까?
바글바글.
친구들 모두 손에 투표 스티커를 들고 벽보 앞에서 고민 중이야.

문	전	성	시
門	前	成	市

31 물·아일체 物我一體

한자 음과 뜻

物 물건 물 | 我 나 아 | 一 한 일 | 體 몸 체

物 我 一 體

뜻풀이

어떤 대상과 어울려 하나가 됨

룰루랄라.

노래만 있다면 무인도에 가서 살라고 해도 난 살 수 있어.

흥얼흥얼.

음악은 내 삶을 풍요롭게 하지.

딩기딩가.

내 목소리와 몸은 최고의 악기야.

"언니, 그만 좀 해. 시끄러워!"

32

반포지효 反哺之孝

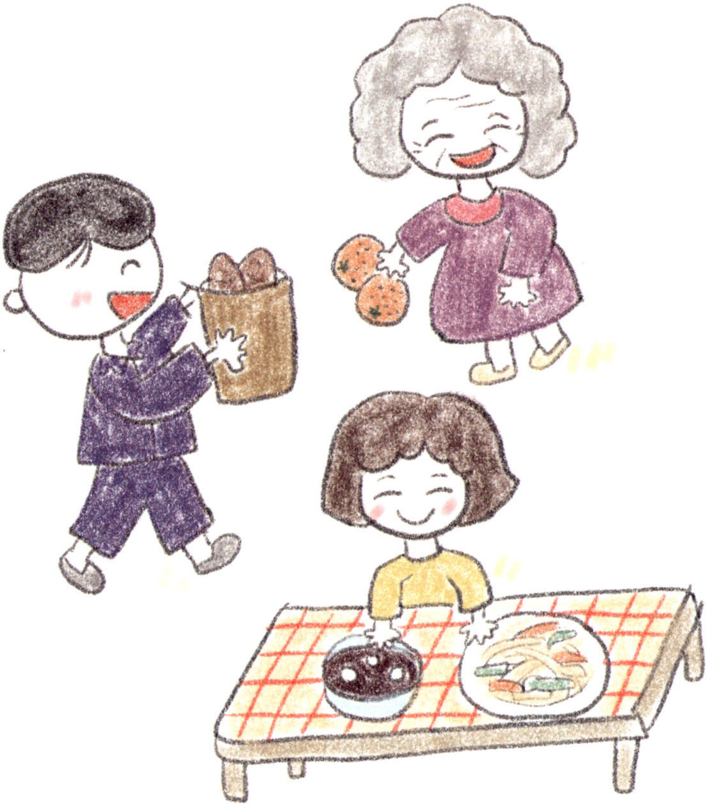

한자 음과 뜻

反 돌이킬 반 | 哺 먹일 포 | 之 ~의 지 | 孝 효도 효

反	哺	之	孝				

뜻풀이

자식이 자라서 부모에게 효도를 함

우리 집에는 할머니가 살아요.

아빠는 할머니 드리려고 붕어빵을 사오셨어요.
어제는 할머니가 좋아하시는 귤도 사오셨어요.
엄마는 할머니를 위해 맛있는 팥죽을 만드셨어요.
어제는 잡채도 만드셨어요.

"아빠, 할머니가 매일 웃어요. 그 비결이 뭐예요?"

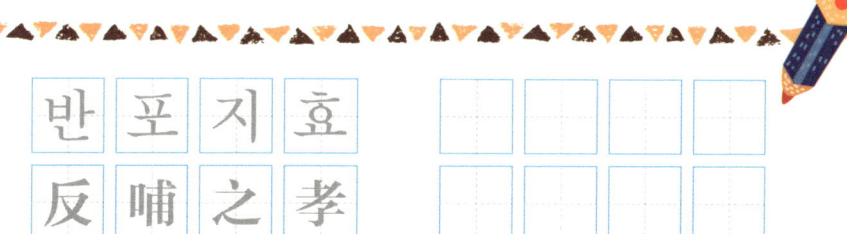

반 포 지 효
反 哺 之 孝

33. 백문불여일견 百聞不如一見

한자 음과 뜻

百 일백 백 | 聞 들을 문 | 不 아닐 불
如 같을 여 | 一 한 일 | 見 볼 견

百	聞	不	如	一	見

뜻풀이 눈으로 한 번 보는 게 귀로 백 번 듣는 것보다 나음

사회 교과서 53쪽이 눈앞에 있어.
지금 내 앞에
옛날 사람들이 별을 봤던 첨성대가 있어.

우와.
이렇게 직접 보니 이해가 더 쏙쏙 되네!
공부를 더 하고 싶어.

백	문	불	여	일	견
百	聞	不	如	一	見

34 부화뇌동 附和雷同

附 붙을 부 | 和 화할 화 | 雷 우레 뇌 | 同 한가지 동

附 和 雷 同

> **뜻풀이**

남이 하는 그대로 따라함

언니는 단팥을 싫어해. 나는 단팥빵이 싫어.
언니는 생선을 싫어해. 나는 갈치구이가 싫어.
언니는 과일을 좋아해. 나는 귤, 포도가 제일 좋아.
언니는 요거트를 좋아해. 나는 딸기맛 요거트가 정말 좋아.

언니가 싫으면 나도 싫고,
언니가 좋으면 나도 좋아!

35 불철주・야 不撤晝夜

한자 음과 뜻

不 아닐 불 | 撤 거둘 철 | 晝 낮 주 | 夜 밤 야

不 撤 晝 夜

뜻풀이

밤낮을 가리지 않고 쉴 틈 없이 힘씀

헥. 헥. 헥.

줄넘기 30개 더!

헉. 헉. 헉.

팔굽혀 펴기 20개 더!

힉. 힉. 힉.

윗몸 일으키기 10개 더!

"이제 그만 하렴, 잠잘 시간이 훨씬 지났어.
오늘 하루 종일 운동만 하니?"

핫.

스쿼트 5개 만 더 하구요!

36 사면초가 四面楚歌

한자 음과 뜻

四 넉 사 | 面 얼굴 면 | 楚 초나라 초 | 歌 노래 가

| 四 | 面 | 楚 | 歌 | | | | |

뜻풀이

아무에게도 도움 받지 못하는 상황에 빠짐

즐거운 피구 시간이에요.

퍽! 퍽!

마지막 딱 한 명 남았어요.

난 공으로 잘 맞히니

마지막으로 던지기만 하면 돼요.

아……. 그런데 이를 어쩌죠?

내가 좋아하는 예진이에요.

37 상전벽해 桑田碧海

한자 음과 뜻

桑 뽕나무 상 | 田 밭 전 | 碧 푸를 벽 | 海 바다 해

뜻풀이
세상이 몰라볼 정도로 달라짐

나는 함께초등학교에 다녀.
아빠도 옛날에 함께초등학교를 다니셨대.

우리 학교 강당은 엄청 높고 커서 좋아.
아빠가 다녔을 때 이 자리는 흙밭이었대.
우리 학교 운동장은 진짜 잔디가 깔려 있어.
아빠가 다녔을 때는 흙먼지 많이 날리는 모래투성이었대.
우리 학교 급식실은 무지 깨끗해.
아빠 때는 급식실이 없어서 교실에서 밥을 먹었대.

엄청 달라졌대.

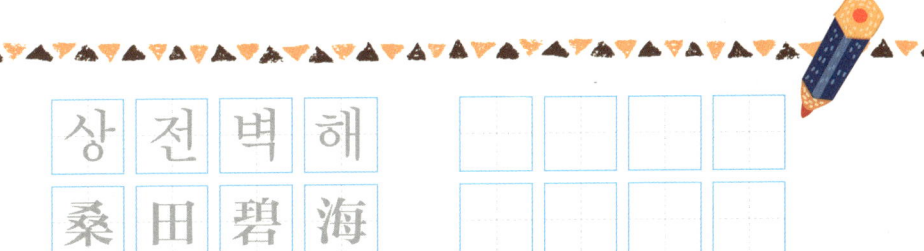

상 전 벽 해
桑 田 碧 海

38 새옹지마 塞翁之馬

한자 음과 뜻

塞 변방 새 | 翁 늙은이 옹 | 之 ~의 지 | 馬 말 마

塞 翁 之 馬

뜻풀이

세상일의 좋고 나쁨은 미리 알 수 없음

4학년이 시작됐어.

학교에 가고 싶지 않아.

내 단짝 친구와 같은 반이 아니거든.

드르륵.

축 처진 어깨로 문을 열고 교실에 들어갔어.

"어? 이게 누구지? 내가 좋아하는 지혜가 있네?"

앞으로 학교 오는 게 즐거울 것 같아.

39 석고대죄 席藁待罪

한자 음과 뜻

席 자리 석 | 藁 짚 고 | 待 기다릴 대 | 罪 허물 죄

席 藁 待 罪 ☐ ☐ ☐ ☐

뜻풀이

저지른 죄에 대한 벌을 기다림

쨍그랑!

어떡해요!
물 먹으려다 컵을 떨어뜨렸어요.
큰일이 났어요.
엄마가 아끼시는 그릇까지 깨버렸어요.

아직 엄마는 쨍그랑 소리를 못 들으셨나봐요.
일단 거실에 손들고 가만히 있어야 겠어요.

40 설상가상 雪上加霜

한자 음과 뜻

雪 눈 설 | 上 위 상 | 加 더할 가 | 霜 서리 상

| 雪 | 上 | 加 | 霜 | | | | |

> **뜻풀이**
> 엎친 데 덮친 격으로 어려운 일에 또 힘든 일이 생김

동생이랑 먹으려고 맛있는 라면을 끓이고 있었어.

멍멍멍!

갑자기 강아지가 짖기 시작했어.

으아아앙!

소리를 들은 동생이 깜짝 놀랐는지 울기 시작해.

쓰담쓰담.

동생을 안아주며 등을 토닥이고 있는데,

보글보글.

부엌 불 위에 올려 둔 라면 냄비가 생각났어!

41 소이부답 笑而不答

笑 웃음 소 | 而 말 이을 이 | 不 아닐 부 | 答 대답 답

| 笑 | 而 | 不 | 答 | | | | |

뜻풀이

웃기만 하고 대답하지 않음

언니가 학원 가기 전에 안 하던 세수를 해요.
"언니, 학원에서 만난 그 오빠 좋아하지?"
언니가 배시시 웃어요.

언니가 옷장 앞에서 한참을 서 있어요.
"좋아하는 거 맞지?"
언니가 말없이 웃어요.

언니가 거울을 아주 오랫동안 보아요.
"언니 좀 이상해!"

언니는 또 웃어요.

42 소탐대실 小貪大失

둘 다 보지마렴!

한자 음과 뜻

小 작을 소 | 貪 탐낼 탐 | 大 큰 대 | 失 잃을 실

小 貪 大 失

뜻풀이

작은 것을 얻으려다 오히려 큰 것을 잃음

"내가 보고 싶은 거 볼 거야!"
"내가 먼저 리모컨 잡았잖아!"

사실 누나가 먼저 온 게 맞아요.
하지만 난 양보하고 싶지 않아요.
꼭 만화를 볼 거예요.
엄마한테 이를 거예요.
그럼 만화를 볼 수 있겠죠?

"둘 다 텔레비전 그만 보렴!"

43. 순망치한 脣亡齒寒

한자 음과 뜻

脣 입술 순 | 亡 없을 무 | 齒 이 치 | 寒 찰 한

뜻풀이

친구와 아주 친함

오늘은 왠지 고은이가 슬퍼 보여요.
나도 덩달아 슬퍼지네요…….

고은이가 밥을 조금 먹어요.
나도 갑자기 밥맛이 뚝 떨어지네요…….

우리 모두가 좋아하는 체육시간이에요.

고은이가 활짝 웃고 있어요.
내 마음에 봄이 찾아왔어요!

44 아전인수 我田引水

한자 음과 뜻

我 나 아 | 田 밭 전 | 引 끌 인 | 水 물 수

我　田　引　水

> **뜻풀이**
>
> 내 이익만 먼저 생각하고 행동함

급식 시간이에요.
오늘 반찬은 소시지!
많이 먹고 싶어서 빨리 줄을 섰어요.

앗 큰일 났어요!
내 앞에 정훈이가 소시지를 산만큼 뜨고 있어요!

찌릿찌릿.
뒤에 있는 친구들 눈에서 레이저가 나오고 있어요.

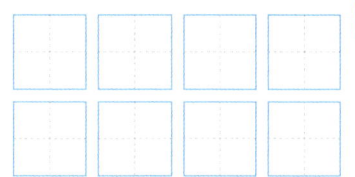

45 안하무인 眼下無人

眼 눈 안 | 下 아래 하 | 無 없을 무 | 人 사람 인

| 眼 | 下 | 無 | 人 | | | | |

뜻풀이

태도가 아주 거만하여 남을 무시함

나는 오늘 받아쓰기를 100점 맞았어요!

내 짝꿍은 90점.
우리 모둠 이끔이는 70점.
우리 모둠 기록이는 55점.

흥!
다 나보다 못했네!

"너희! 공부 좀 해라, 좀!"

46 어부지리 漁夫之利

漁 고기 잡을 어 | **夫** 지아비 부 | **之** ~의 지 | **利** 이로울 리

漁 夫 之 利

뜻풀이

두 사람 싸우는 틈을 타서
엉뚱한 사람이 이익을 얻음

학교 가려고 버스를 기다리고 있어요.
사람이 아주 많아요.
내가 탈 수 있을까요?

삐이이익.
버스가 도착했어요.
갑자기 뒤에 있는 사람들이 앞으로 몰려와요.
옆에 있는 사람들이 밀기 시작했어요.

으악.
몸싸움이 시작됐어요.

오잉?
모두가 넘어지는 바람에 내가 제일 먼저 버스에 탔네요!

47 언중유골 言中有骨

言 말씀 언 | 中 가운데 중 | 有 있을 유 | 骨 뼈 골

뜻풀이

말에 뼈가 있듯 날카롭게 잘못을 지적함

얼레리 꼴레리.

승아가 친구를 또 놀리고 있어요.

으아앙.

이번엔 승아가 친구를 울렸어요.

승아는 장난이 너무 심해요.

아무리 그만하라고 이야기해도 매일매일 장난쳐요.

그런 승아의 장난을 멈춘 반장의 따끔한 한마디!

"승아! 너는 항상 너보다 약한 친구만 놀리더라?"

48 역지사지 易地思之

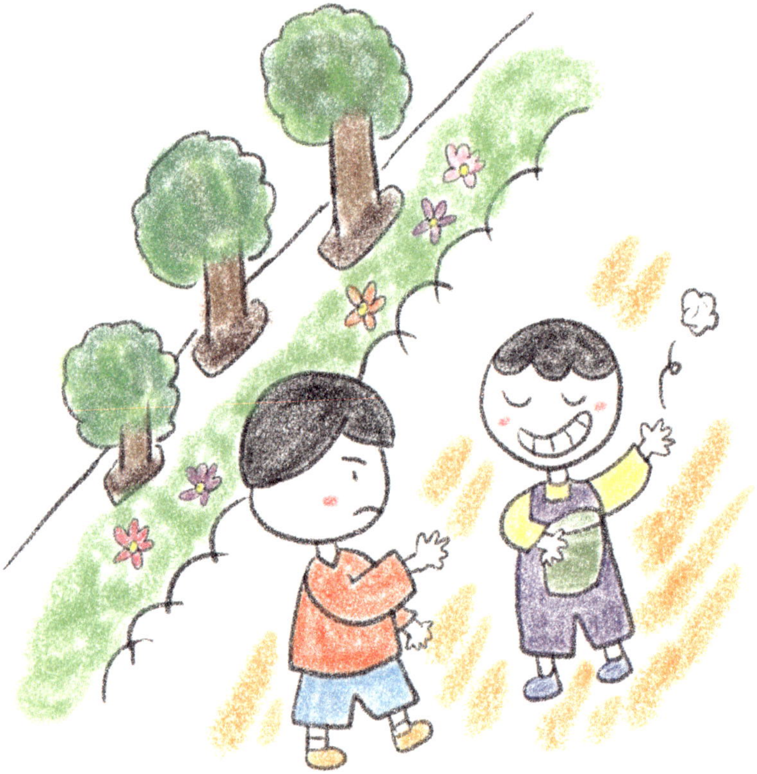

한자 음과 뜻

易 바꿀 역 | 地 땅 지 | 思 생각 사 | 之 그것 지

易	地	思	之				

뜻풀이

다른 사람의 입장에서 생각함

동수와 학원 가는 길이에요.

툭.
"너 쓰레기를 길에 버리면 어떡하니!"
"내 맘이야!"

"매일 많은 쓰레기를 청소하시는 청소부 아저씨는
얼마나 힘들까 생각 좀 해봐."
아침부터 저녁까지 열심히 청소하시는 아저씨의 마음을 말해주었어요.

"알겠어."
버린 쓰레기를 다시 줍는 동수가 멋져요.

| 역 | 지 | 사 | 지 |
| 易 | 地 | 思 | 之 |

49 오매불망 寤寐不忘

한자 음과 뜻

寤 잠깰 오 | 寐 잘 매 | 不 아닐 불 | 忘 잊을 망

| 寤 | 寐 | 不 | 忘 | | | | |

뜻풀이

자나 깨나 잊지 못함

환이는 지금 뭐하고 있을까?
이 닦고 있을까?
가 방 정리를 하고 있을까?
좋은 향기가 나는 로션을 바르고 있을까?
아, 잠이 안 와.

오 매 불 망
寤 寐 不 忘

50 오십보백보 五十步百步

한자 음과 뜻

五 다섯 오 | 十 열 십 | 步 걸음 보 | 百 일백 백 | 步 걸음 보

五 十 步 百 步

조금 더 못나고 조금 더 잘난 차이는
있지만 결국 비슷함

오늘은 키 재는 날이에요.

"내가 너보다 더 클 걸?"
"무슨 소리야, 내가 너보다 더 커!"
"아니야. 내가 너보다 더 크단 말이야."
"이따가 두고 봐."

선생님께 여쭈어보러 갔어요.
"선생님 우리 둘 중에 누가 더 커요?"

"140.3cm나 140.4cm나 거기서 거기인 걸?"

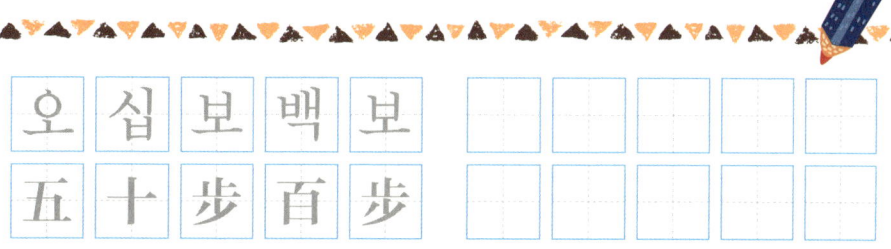

51 오합지졸 烏合之卒

烏 까마귀 오 | 合 합할 합 | 之 ~의 지 | 卒 군사 졸

烏 合 之 卒

보잘것없는 수많은 사람의 모임

아빠랑 나랑 단 둘이 요리 데이트하는 날이야.
오늘의 메뉴는 떡볶이!

쫄깃쫄깃 떡
오동통통 노릇노릇 어묵
푸릇푸릇 파
시뻘건 고추장
새하얀 치즈 가루
꼬불꼬불 라면 사리
댕그르르 달걀

재료들을 식탁에 다 올린 순간,
아빠랑 눈이 마주쳤어.

"아빠, 이것들 어떡해요?"
"아들, 뭐부터 시작해야 할까?"

52 외유내강 外柔内剛

外 바깥 외 | 柔 부드러울 유 | 内 안 내 | 剛 굳셀 강

| 外 | 柔 | 内 | 剛 | | | | |

뜻풀이 겉으로 보기에는 부드러우나 속은 아주 강함

겉은 달콤하고 부드러워.
속은 거칠고 아주 단단해.
내가 좋아하는 복숭아와 복숭아씨.

웃음도 눈물도 참 많아.
하지만 우리 셋을 씩씩하게 키우는 강한 사람.
내가 사랑하는 우리 엄마.

53 용두사미 龍頭蛇尾

한자 음과 뜻

龍 용 용 | 頭 머리 두 | 蛇 뱀 사 | 尾 꼬리 미

龍	頭	蛇	尾				

뜻풀이
시작은 좋았으나 갈수록 나빠짐

자신 있게 연필을 들고 수학 문제를 풀기 시작했어.
"그래 결심했어, 끝까지 한번 해보는 거야!"
문제가 술술 풀리니 기분이 정말 좋아.

몇 분 후,
눈이 꿈벅 꿈벅.
어라, 글씨가 두 개로 보이네.
헤롱헤롱.
고개가 앞으로 뒤로 옆으로.

왜 이러지?

54 우유부단 優柔不斷

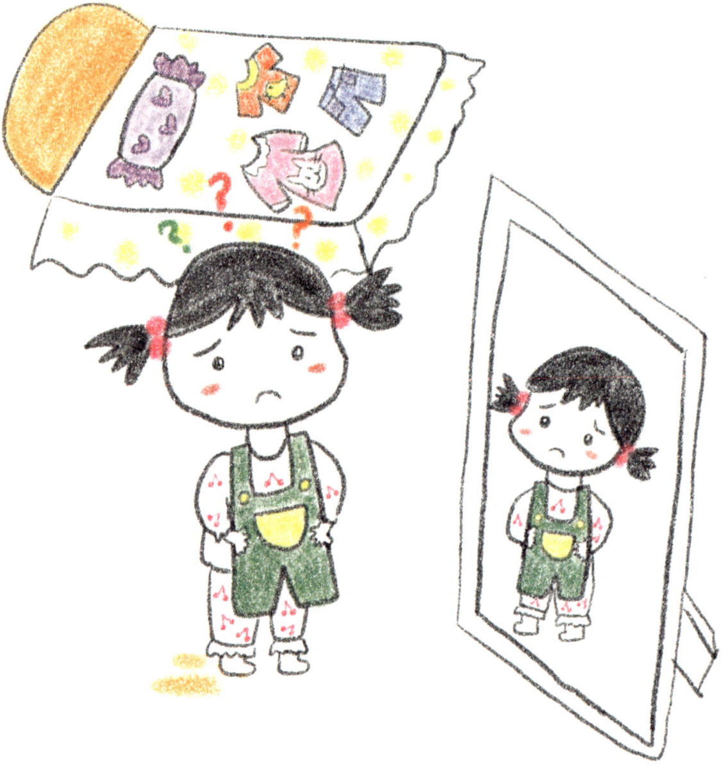

한자 음과 뜻

優 넉넉할 우 | 柔 부드러울 유 | 不 아닐 부 | 斷 끊을 단

優	柔	不	斷				

뜻풀이

• 이러지도 저러지도 못함

벌써 8시 40분이야.
무슨 옷을 입지?
분홍 토끼 레이스 원피스 입을까?
노오란 병아리 티셔츠랑 청바지 입을까?
"학교 갈 시간이다. 서두르렴."
엄마 목소리다.

그냥 멜빵 바지 입을까?
그럼 안에 티는 뭐 입지?

55 유비무환 有備無患

有 있을 유 | 備 갖출 비 | 無 없을 무 | 患 근심 환

有 備 無 患

뜻풀이

미리 준비하면 걱정이 없음

현장체험학습 가는 날.
"여러분 필요한 준비물 잘 챙겼나요?"

그럼요!
저는 저번 주말부터 준비했어요.
아빠랑 엄마랑 마트에 가서 김밥 안에 들어갈
김, 참치, 깻잎, 햄, 단무지, 시금치, 당근도 사고
달콤한 과자 두 개랑 초콜릿도 샀어요.
물이랑 음료수도 샀지요.
엊그제는 다시 한 번 확인했어요.
돗자리도 준비했고, 휴지랑 물티슈는 물론
쓰레기 담을 비닐봉지도 두 개나 넣었어요.
게다가 멀미할까봐 멀미약도 샀어요.
아이 신나라.

"우와, 미리 준비하니 걱정이 없구나."

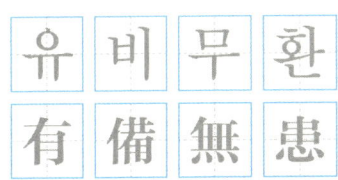

56 유지경성 有志竟成

한자 음과 뜻

有 있을 유 | 志 뜻 지 | 竟 마침내 경 | 成 이룰 성

| 有 | 志 | 竟 | 成 | | | | |

뜻풀이

이루고자 하는 것은 반드시 이룸

3개월 뒤면 크리스마스예요!
따뜻한 목도리를 언니에게 선물할 거예요.
오늘 학교에서 뜨개질을 배웠거든요!

이제 코 뜨기를 시작했어요.
언제 다 할 거냐고 친구들이 비웃어요.

두고 보세요!
반드시 언니에게 선물할 거예요.

57 을야지람 乙夜之覽

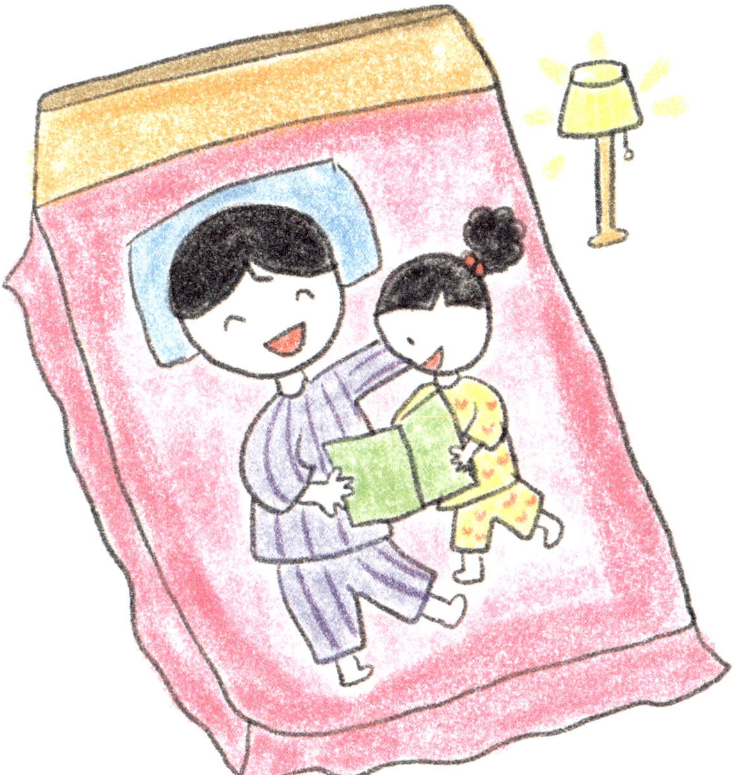

한자 음과 뜻

乙 새 을 | 夜 밤 야 | 之 ~의 지 | 覽 볼 람

乙	夜	之	覽				

뜻풀이

밤새 독서함

나는 이 시간이 제일 좋아.

따뜻한 이불 안
포근한 조명 아래
나긋한 아빠 목소리와 함께하는
재밌는 동화책 이야기 듣는 시간

나는 이 시간이 제일 좋아.

58 이구동성 異口同聲

異 다를 이 | 口 입 구 | 同 한가지 동 | 聲 소리 성

異 口 同 聲

뜻풀이
여러 사람의 마음과 말이 하나로 같음

여러분, 가장 좋아하는 음식은 뭐예요?
피자요!

여러분이 가장 좋아하는 채소는?
피망이요!

우리 반이 가장 잘 다루는 악기는?
피아노요!

그럼, 지금 가장 하고 싶은 운동은?
피구요! 피구 하고 싶어요.
오늘 피구 딱 한 판만 해요.

59 •이심전심 以心傳心

한자 음과 뜻

以 써 이 | 心 마음 심 | 傳 전할 전 | 心 마음 심

| 以 | 心 | 傳 | 心 | | | | |

마음과 마음이 전해져 통함

오늘 내 마음엔 새까만 먹구름이 한가득이야.
후두두둑. 소나기가 내렸어.
우르릉 쾅쾅. 천둥번개가 쳤어.
난리법석이 아니야.
아무랑도 이야기하고 싶지 않아.

"너 무슨 일 있었어? 동생이랑 싸웠구나! 괜찮아. 네 잘못이 아니야."
말하지 않았는데 어떻게 내 마음을 알았지?
갑자기 내 마음에 무지개가 뜬 것 같아.

60 일각삼추 一刻三秋

▼▲▼ 한자 음과 뜻 ▼▲▼

一 한 일 | 刻 새길 각 | 三 석 삼 | 秋 가을 추

> 뜻풀이
>
> 매우 기다려지거나 아주 지루함

다음 주면 방학이야!
"넌 방학 때 뭐할 거야?"

이제 5일만 지나면 방학이야!
"넌 방학 때 어디 갈 거야?"

이제 4일만 지나면 방학이야!
"넌 방학 때 누구 만날 거야?"

이제 3일만 지나면 방학이야!
"도대체 방학은 언제 오는 걸까?"

61 일거양득 一擧兩得

一 한일 | 擧 들거 | 兩 두양 | 得 얻을득

一 擧 兩 得

뜻풀이

한 가지 일로 두 가지 이익을 얻음

그네가 너무 타고 싶어 놀이터에 갔어.

하늘 높이 날아라.
힘차게 굴려라.
더 높이 날아라.
높이 높이 높이.
신나게 놀고 있었어.

그때 한 아이가 수줍게 걸어왔어.
내 옆에 있는 그네에 앉았어.
"안녕? 내가 그네 밀어 줄까?"

오늘 그네도 타고 친구도 생겼어.

62 일석이조 一石二鳥

一 한일 | 石 돌석 | 二 두이 | 鳥 새조

一 石 二 鳥

 한 가지 일을 해서 두 가지 이익을 얻음

힘들다. 손이 떨린다. 그래도 해야 한다.
공부는 쉽지 않고 어려운 것이지만 참 좋은 것이다.

꿈에 가까워질 수 있다.
엄마의 잔소리도 안 들을 수 있다.

게다가 그것이 온다.
바로 바로 간식이다.

꺄!
오늘은 내가 세상에서 제일 좋아하는 멜론이다!

63 일심동체 一心同體

一 한 일 | 心 마음 심 | 同 한가지 동 | 體 몸 체

一 心 同 體

뜻풀이

몸과 마음이 하나가 됨

오늘은 어떤 일이 일어날까?
기적이 일어나는 학교로 씩씩하게 등교했어.
교실 앞 신발장에서 실내화로 갈아 신었어.

그런데 이상하다.
신발을 벗었는데
왜 양말이 같이 벗겨지지?

64 작심삼일 作心三日

한자 음과 뜻

作 지을 작 | 心 마음 심 | 三 석 삼 | 日 날 일

| 作 | 心 | 三 | 日 | | | | |

뜻풀이

결심한 것이 얼마 되지 않아 흐지부지 됨

새해가 밝았어.
올해는 건강을 위해 다짐한 게 있어!
할아버지와 매일 30분씩 달리기하기!

첫째 날, 몸에 땀이 흥건했어.
둘째 날, 상쾌한 공기를 마시니 정말 개운했어.
셋째 날, 오늘은 왠지 몸이 무거워.
이불 속이 너무 따뜻해.

누군가가 꿈 속에서 날 깨우는 것 같아.
'우리 강아지, 할아버지랑 달리기하러 가자.'
일어나야 하지만, 음냐음냐…….

| 작 | 심 | 삼 | 일 |
| 作 | 心 | 三 | 日 |

65 적반하장 賊反荷杖

한자 음과 뜻

賊 도둑 적 | 反 돌이킬 반 | 荷 꾸짖을 하 | 杖 지팡이 장

| 賊 | 反 | 荷 | 杖 | | | | |

뜻풀이
잘못한 사람이 도리어 화를 냄

학교 가는 길, 엘리베이터 안에서 친구들을 만났어요.

킁킁.

이게 무슨 냄새죠?

"하늘아, 무슨 이상한 냄새나지 않니?"
"응, 그런 것 같아."
"지호야, 너는 무슨 냄새 안 나니?"
"냄새는 무슨! 나는 하나도 안 나! 도대체 무슨 냄새가 난다는 거야!"

모두가 지호를 쳐다봤어요.
이상해요. 왜 화를 내는 걸까요?

적 반 하 장
賊 反 荷 杖

66 전심전력 全心全力

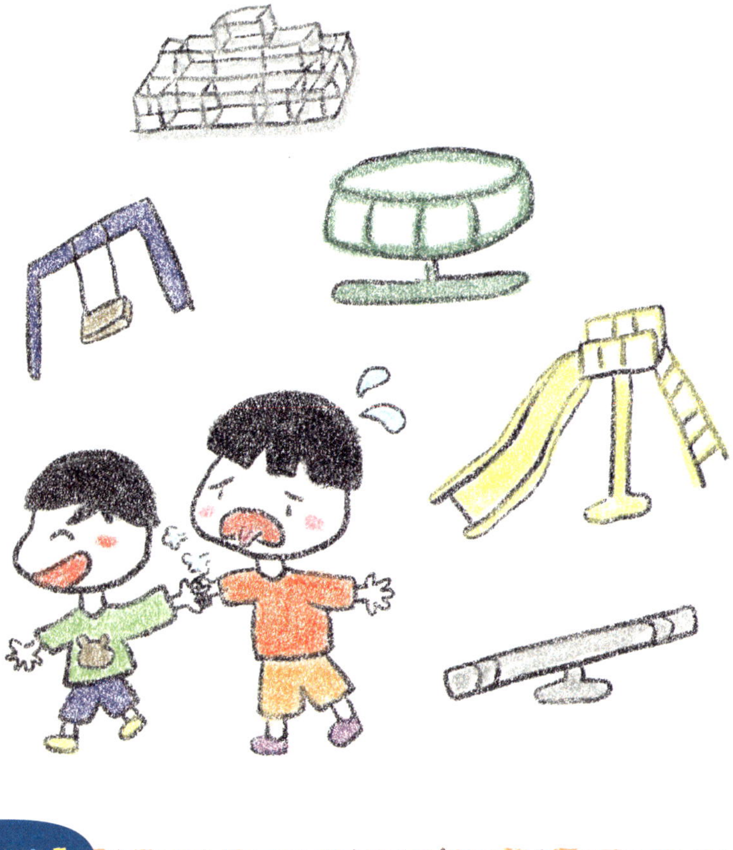

한자 음과 뜻

全 온전할 전 | 心 마음 심 | 全 온전할 전 | 力 힘 력

全	心	全	力				

뜻풀이

온 마음과 온 힘을 다함

"형아, 우리 그네 타자!"
사촌동생 키가 작아서 그네에 스스로 앉을 수가 없어요.
낑낑. 들어서 앉혀 주었어요.
오잉. 발이 땅에 안 닿네요?
영차영차. 언제까지 밀어야 하는 걸까요.

"형아, 우리 뱅뱅이 타자!"
뱅글뱅글. 벌써 30바퀴째 돌리고 있어요.
오른쪽 다리가 너무 아파서 왼쪽 다리로 돌려야겠어요.

"형아, 우리 시소 타자!"
"형아, 우리 미끄럼틀 타자!"
"형아, 우리 정글짐 가자!"

동생 돌보기는 내 모든 힘과 마음이 필요해요.

67 조삼모사 朝三暮四

朝 아침 조 | 三 석 삼 | 暮 저물 모 | 四 넉 사

> **뜻풀이**
> 당장 눈앞의 차이만 있을 뿐 결국 그 결과는 같음

오예! 여름 방학이 시작됐어요.
더 기분 좋은 이유가 있어요.
옆 집 성현이는 아직 방학이 아니거든요.

"메롱 메롱 나는 방학이지롱, 학교 잘 다녀와."

시간이 흘러 겨울 방학을 기다리고 있어요.
성현이는 벌써 방학이래요.

"메롱 메롱 나는 방학이지롱, 학교 잘 다녀와."

조	삼	모	사
朝	三	暮	四

68 좌불수당 坐不垂堂

▼ 한자 음과 뜻

坐 앉을 좌 | 不 아닐 불 | 垂 드리울 수 | 堂 집 당

坐 不 垂 堂 ☐ ☐ ☐ ☐

뜻풀이

위험한 일은 가까이 하지 않음

빵빵! 차가 오는지 오른쪽 왼쪽 살펴보아요.

삑! 바쁘다고 무단 횡단하지 않아요!

앗! 낯선 사람을 따라가면 안 돼요!

꺄! 공사장은 가까이 가지 않아요.

잠깐! 궁금하다고 소화기를 장난으로 누르지 않아요.

차근차근! 급하지만 계단을 한 칸씩 내려가요.

위험한 일은 멀리해요.

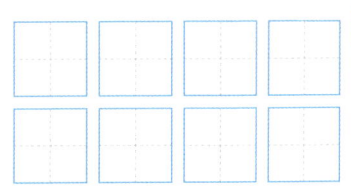

69 주객전도 主客顚倒

主 주인 주 | 客 손 객 | 顚 뒤집힐 전 | 倒 거꾸로 도

主 客 顚 倒

> **뜻풀이**
> 주인이 손님이고, 손님이 주인이 되듯
> 서로 입장이 뒤바뀜

내 파워 공을 받아라! 명중!
다 맞혀 버릴 거야!
나는 피구공 던지기 왕이야.
내가 던지는 공은 아무도 피할 수 없지.

삑!
"공격과 수비 바꾸세요."

무서워. 무서워.
그런데 난 피하기는 잘 못해.
공 좀 살살 던져 줬으면 좋겠어.
으악!

70 죽마고우 竹馬故友

한자 음과 뜻

竹 대 죽 | 馬 말 마 | 故 연고 고 | 友 벗 우

竹 馬 故 友 ☐ ☐ ☐ ☐

뜻풀이

어릴 때부터 가까이 지내며 자란 친구

윤환이와 지혜는 아주 어릴 때부터 함께였어요.
꼬꼬마 어린이집, 희망 유치원,
1학년 1반, 2학년 3반, 3학년 4반,
지금 우리 둘은 4학년 2반!
게다가 학원도 같고요.
옆집에 살아요.

더 놀라운 건
엄마들도 어릴 때부터 함께였대요.

죽	마	고	우
竹	馬	故	友

71 지성감천 至誠感天

至 이를 지 | 誠 정성 성 | 感 느낄 감 | 天 하늘 천

至 誠 感 天

뜻풀이

무엇이든 정성껏 하면 좋은 결과를 맺음

"찬이야, 너는 왜 의사가 되었어?"

아주 어렸을 때,
몸이 많이 아픈 사람을 만났어.
그런데 내가 해 줄 수 있는 게 아무것도 없었어.
그때 결심했지.
내가 의사가 돼서 아픈 사람들을 많이 고쳐주겠다고.
그래서 열심히 노력했어.

"예쁜 마음씨가 하늘을 감동시켜서 꿈을 이루었네."

지 성 감 천
至 誠 感 天

72 천고마비 天高馬肥

한자 음과 뜻

天 하늘 천 | 高 높을 고 | 馬 말 마 | 肥 살찔 비

天 高 馬 肥 ☐ ☐ ☐ ☐

> **뜻풀이**
> 하늘이 높고 말이 살찔 만큼 좋은 계절

빨갛게 빨갛게 물들었어요.
노랗게 노랗게 물들었어요.
빨강, 주황, 노랑, 분홍.
작은 잎 하나하나에
누가 이렇게 예쁘게 물감칠을 했을까요?

아마 아주 아름다운 사람일 거예요.
정말 멋진 사람일 거예요.
최고로 훌륭한 사람일 거예요.

가을은 정말 아름다운 계절이에요.

| 천 | 고 | 마 | 비 | | | | |
| 天 | 高 | 馬 | 肥 | | | | |

73 천군만마 千軍萬馬

한자 음과 뜻

千 일천 천 | 軍 군사 군 | 萬 일만 만 | 馬 말 마

뜻풀이

수많은 군사와 군마

이웃 학교와 축구 시합을 하는 날이야.
옆 학교 운동장이라 그런지 평소보다 훨씬 떨려.
다리도 아직 덜 풀린 것 같고,
몸도 왠지 더 굳어 있는 것만 같아.

그런데 저 멀리서 응원 소리가 들려.

"힘내라 힘! 화이팅!"
"이기지 않아도 괜찮으니깐 다치지만 말아!"
"괜찮아, 떨지마! 잘할 수 있어!"
"우리가 있잖아!"

그래, 친구들의 응원을 들으니 힘이 솟아.
맞아, 난 혼자가 아니지! 우리 함께해 보자! 불끈!

74 천재일우 千載一遇

한자 음과 뜻

千 일천 천 | 載 실을 재 | 一 한 일 | 遇 만날 우

| 千 | 載 | 一 | 遇 | | | | |

뜻풀이
좀처럼 만나기 어려운 기회

오늘은 아주 좋은 날이에요.

학교 앞에 솜사탕 아저씨가 오셨거든요.

솜사탕 아저씨는 아주 가끔 어린이들에게 솜사탕을

공짜로 나누어 주세요.

열 명 중 한 명 정도?

이 십명 중 한 명 정도?

아저씨 기분이 좋을 땐 솜사탕을 공짜로 먹을 수 있어요.

왔다갔다.

들락날락.

오락가락.

학교 정문을 벌써 몇 번이나 지나다녔는지 몰라요.

이젠 그만 집에 가려고요.

"학생, 여기 솜사탕 먹을래?"

천 재 일 우
千 載 一 遇

75 측은지심 惻隱之心

한자 음과 뜻

惻 슬퍼할 측 | 隱 근심할 은 | 之 ~의 지 | 心 마음 심

| 惻 | 隱 | 之 | 心 | | | | |

뜻풀이

남을 불쌍히 여기는 마음

추운 겨울이에요.
오늘은 올 겨울 중에 가장 추운 날이래요.
흰 눈이 펑펑 오고 있어요.

저건 뭐죠?
저 멀리 갈색 줄무늬가 보여요.
어머, 작은 고양이가 추위에 떨고 있어요.

오들오들. 얼마나 추울까요?
고양이에게 내 방석을 깔아주고 싶어요.

측은지심
惻隱之心

76 표리부동 表裏不同

表 겉 표 | 裏 속 리 | 不 아닐 부 | 同 한가지 동

表 裏 不 同

뜻풀이
겉과 속이 다름

겉은 노란색이에요. 속은 하얀색이에요.
내가 좋아하는 바나나!

겉은 털이 까끌까끌해요. 속은 매끈매끈해요.
누나가 좋아하는 키위!

겉은 검정 주름이 한가득이에요. 속은 검정깨가 한가득이에요.
아빠가 사 오신 수박!

모두 모두 맛있는 과일이에요.

77 함흥차사 咸興差使

한자 음과 뜻

咸 다 함 | 興 일 흥 | 差 어긋날 차 | 使 부릴 사

咸 興 差 使 ☐ ☐ ☐ ☐

떠난 사람에게서 아무 소식이 없음

"집 앞 슈퍼에 가서 두부 한 모 사다주렴."

맨날 나만 심부름 하는 게 싫어.
엄마 몰래 동생에게 시켰어.

5분, 10분, 15분…….
왜 안 오지?
혹시 길을 잃어버렸나?
오는 길에 넘어진 걸까?
설마 잡혀간 건 아니겠지?

78 호가호위 狐假虎威

▼▲▼ 한자 음과 뜻 ▼▲▼

狐 여우 호 | 假 거짓 가, 멀 하, 이를 격 | 虎 범 호 | 威 위엄 위

狐 假 虎 威

뜻풀이

남의 세력을 빌려 자기가 잘난 줄 앎

탁구 복식 경기를 했어요.
상대팀 민수가 이겼다고 자꾸 자랑해요.

"너희 연습 좀 더 해야겠어."

민수가 너무 얄미워요.
자기가 잘해서 이긴 줄 알아요.
우리 동네 탁구 1등인 민수 파트너가 잘해서 이긴 건데 말이지요.

호	가	호	위
狐	假	虎	威

79

화양연화 花樣年華

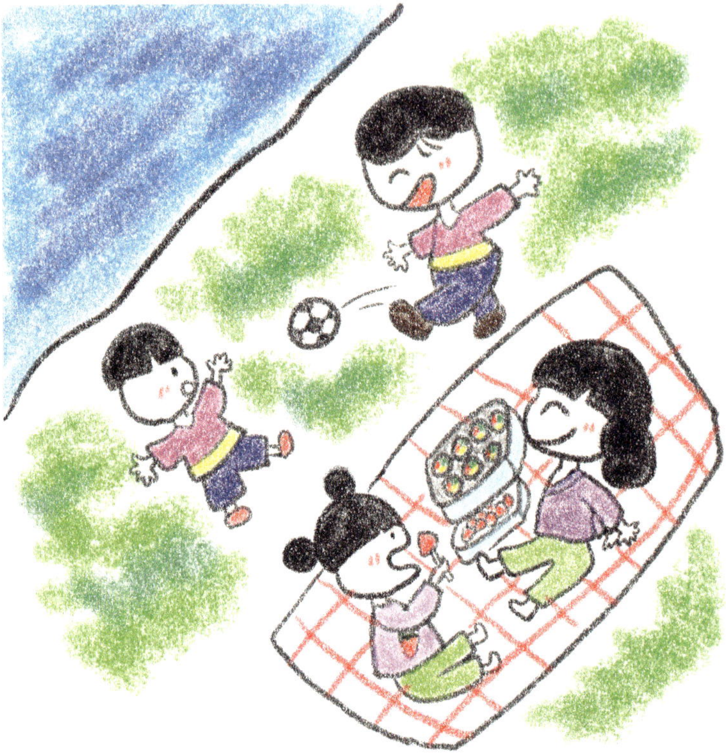

한자 음과 뜻

花 꽃 화 | 樣 모양 양 | 年 해 연 | 華 빛날 화

花	樣	年	華				

> **뜻풀이**
>
> # 인생에서 가장 아름답고 행복한 순간

시원한 바람이 부는 한강으로 소풍 왔어요.

돗자리 위에는 맛있는 게 많아요.

아침 일찍부터 아빠랑 엄마랑 준비한

하트 김밥, 꼬마 김밥, 달걀 김밥도 있고요.

우리가 예쁘게 통에 담은 포도, 아기토마토, 딸기, 귤도 있어요.

게다가 내가 좋아하는 고깔 과자랑 물고기 과자도 있어요.

아빠와 동생은 공놀이를 하고 있어요.

그 모습을 보는 엄마는 활짝 웃고 있어요.

엄마 입이 귀까지 닿을 것만 같아요.

"엄마 많이 행복해요?"

"엄마는 지금 이 순간이 정말 행복해."

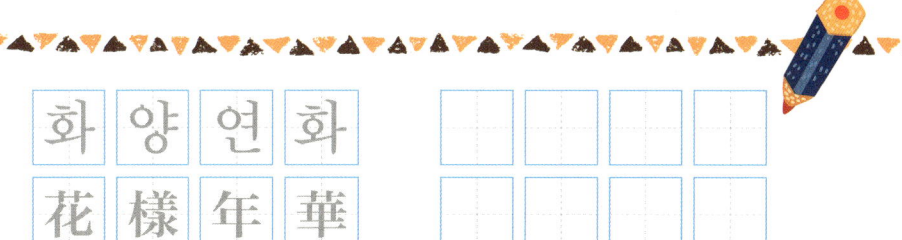

| 화 | 양 | 연 | 화 | | | | |
| 花 | 樣 | 年 | 華 | | | | |

80 흉유성죽 胸有成竹

한자 음과 뜻

胸 가슴 흉 | 有 있을 유 | 成 이룰 성 | 竹 대 죽

胸 有 成 竹

뜻풀이

대나무 그림을 그리기 전
이미 마음속에 그림을 완성했음

하은이를 놀래킬 거야.
지금쯤 하은이는 한자 방과 후를 끝내고 정문으로 나오고 있을 거야.
걸음이 느린 하은이가 하늘 정원을 지날 테니
그동안 나는 보안관 선생님 뒤에 숨어 있어야지.

앗 오고 있어! 저 멀리 보인다!
역시!

하나 두울 셋.
"어흥!"

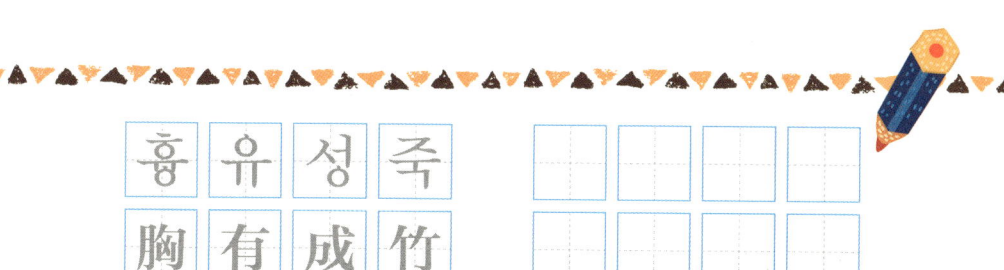

흉 유 성 죽
胸 有 成 竹

□ 거의 같고 아주 조금 다름 … ☐☐☐☐ (46페이지)

□ 겉과 속이 다름 … ☐☐☐☐ (160페이지)

□ 겉으로 보기에는
　부드러우나 속은 아주 강함 … ☐☐☐☐ (112페이지)

□ 겉으로는 같은 일을 하면서
　속으로는 각자 다른 생각을 함 … ☐☐☐☐ (56페이지)

□ 결심한 것이 얼마 지나지 않아 흐지부지 됨 … ☐☐☐☐ (136페이지)

□ 고생 끝에 기쁨이 옴 … ☐☐☐☐ (20페이지)

□ 교육에는 주변 환경이 중요함 … ☐☐☐ (62페이지)

□ 남을 불쌍히 여기는 마음 … ☐☐☐ (158페이지)

□ 남의 세력을 빌려 자기가 잘난 줄 앎 … ☐☐☐☐ (164페이지)

□ 남의 의견을 조금도 귀담아 듣지 않음 … ☐☐☐☐ (60페이지)

□ 남이 하는 그대로 따라함 … ☐☐☐☐ (76페이지)

□ 내 이익만 먼저 생각하고 행동함 … ☐☐☐☐ (96페이지)

□ 누가 이기나 아주 치열하게 토론함 … ☐☐☐ (12페이지)

- ☐ 눈으로 한 번 보는 게 귀로
   백 번 듣는 것보다 나음 ⋯ ☐☐☐☐☐ (74페이지)

- ☐ 다른 사람의 입장에서 생각함 ⋯ ☐☐☐☐ (104페이지)

- ☐ 다른 사람의 지식,
   재주가 놀랄 만큼 크게 나아짐 ⋯ ☐☐☐☐ (24페이지)

- ☐ 당장 눈앞의 차이만 있을 뿐
   결국 그 결과는 같음 ⋯ ☐☐☐☐ (142페이지)

- ☐ 대나무 그림을 그리기 전
   이미 마음속에 그림을 완성했음 ⋯ ☐☐☐☐ (168페이지)

- ☐ 두 사람 싸우는 틈을 타서
   엉뚱한 사람이 이익을 얻음 ⋯ ☐☐☐☐ (100페이지)

- ☐ 둘의 싸움에서 엉뚱한 사람이 이익을 봄 ⋯ ☐☐☐ (14페이지)

- ☐ 떠난 사람에게서 아무 소식이 없음 ⋯ ☐☐☐☐ (162페이지)

- ☐ 마음과 마음이 전해져 통함 ⋯ ☐☐☐☐ (126페이지)

- ☐ 마음에 깊이 새기어 오래 잊지 아니함 ⋯ ☐☐☐☐ (64페이지)

- ☐ 마음이 바쁘게 걱정과 생각이 아주 많음 ⋯ ☐☐☐ (40페이지)

- 많으면 많을수록 더 좋음　⋯ ☐☐☐ (42페이지)
- 많은 사람들이 모여 있음　⋯ ☐☐☐ (68페이지)
- 말에 뼈가 있듯 날카롭게 잘못을 지적함　⋯ ☐☐☐ (102페이지)
- 매우 기다려지거나 아주 지루함　⋯ ☐☐☐ (128페이지)
- 몸과 마음이 하나가 됨　⋯ ☐☐☐ (134페이지)
- 무엇이든 정성껏하면 좋은 결과를 맺음　⋯ ☐☐☐ (150페이지)
- 미리 준비하면 걱정이 없음　⋯ ☐☐☐ (118페이지)
- 받은 고마움이 뼈에까지 새겨져 잊혀지지 않음　⋯ ☐☐☐ (10페이지)
- 밤낮을 가리지 않고 쉴 틈 없이 힘씀　⋯ ☐☐☐ (78페이지)
- 밤새 독서함　⋯ ☐☐☐ (122페이지)
- 보잘것없는 수많은 사람의 모임　⋯ ☐☐☐ (110페이지)
- 서로 다른 사람들이 모여 목적을 향해 함께 행동할 것을 맹세함　⋯ ☐☐☐ (48페이지)
- 성공해서 고향에 돌아옴　⋯ ☐☐☐ (32페이지)

- □ 세상이 몰라볼 정도로 달라짐 … ☐☐☐☐ (82페이지)
- □ 세상일의 좋고 나쁨은 미리 알 수 없음 … ☐☐☐☐ (84페이지)
- □ 수많은 군사와 군마 … ☐☐☐☐ (154페이지)
- □ 시작은 좋았으나 갈수록 나빠짐 … ☐☐☐☐ (114페이지)
- □ 아무리 힘든 일도 끝까지
  포기하지 않으면 결국 성공함 … ☐☐☐☐ (58페이지)
- □ 아무에게도 도움 받지 못하는 상황에 빠짐… ☐☐☐☐ (80페이지)
- □ 아주 크게 화를 냄 … ☐☐☐ (38페이지)
- □ 어떤 대상과 어울려 하나가 됨 … ☐☐☐ (70페이지)
- □ 어릴 때부터 가까이 지내며 자란 친구 … ☐☐☐ (148페이지)
- □ 엎친 데 덮친 격으로
  어려운 일에 또 힘든 일이 생김 … ☐☐☐ (88페이지)
- □ 여러 사람의 마음과 말이 하나로 같음 … ☐☐☐ (124페이지)
- □ 여러 평범한 사람 중에 있는
  아주 뛰어난 사람 … ☐☐☐☐ (26페이지)

☐ 온 마음과 온 힘을 다함 ··· ☐☐☐ (140페이지)

☐ 웃기만 하고 대답하지 않음 ··· ☐☐☐ (90페이지)

☐ 위험한 일은 가까이 하지 않음 ··· ☐☐☐ (144페이지)

☐ 이 세상이 아닌 아주 좋은 곳 ··· ☐☐☐ (66페이지)

☐ 이러지도 저러지도 못하는 상황 ··· ☐☐ (16페이지)

☐ 이러지도 저러지도 못함 ··· ☐☐☐ (116페이지)

☐ 이루고자 하는 것은 반드시 이룸 ··· ☐☐☐ (120페이지)

☐ 이리저리 바쁘게 돌아다님 ··· ☐☐☐ (54페이지)

☐ 이미 낸 패를 돌이키기 위해
  다시 집어 들지 못함 ··· ☐☐☐ (34페이지)

☐ 인생에서 가장 아름답고 행복한 순간 ··· ☐☐☐ (166페이지)

☐ 자나 깨나 잊지 못함 ··· ☐☐☐ (106페이지)

☐ 자식이 자라서 부모에게 효도를 함 ··· ☐☐☐ (72페이지)

☐ 작은 것을 얻으려다 오히려 큰 것을 잃음 ··· ☐☐☐ (92페이지)

☐ 잘못한 사람이 도리어 화를 냄 … ☐☐☐☐ (138페이지)

☐ 재능이 뛰어난 사람은
　　아무리 숨어 있어도 저절로 알려짐 … ☐☐☐☐ (36페이지)

☐ 저지른 죄에 대한 벌을 기다림 … ☐☐☐☐ (86페이지)

☐ 정도가 너무 지나치면
　　미치지 못한 것과 같음 … ☐☐☐☐ (22페이지)

☐ 조금 더 못나고 조금 더 잘난
　　차이는 있지만 결국 비슷함 … ☐☐☐☐ (108페이지)

☐ 좀처럼 만나기 어려운 기회 … ☐☐☐☐ (156페이지)

☐ 좋은 일에 또 좋은 일이 계속 일어남 … ☐☐☐☐ (30페이지)

☐ 주인이 손님이고,
　　손님이 주인이 되듯 서로 입장이 뒤바뀜 … ☐☐☐☐ (146페이지)

☐ 질문과 전혀 상관없는 엉뚱한 말을 함 … ☐☐☐☐ (52페이지)

☐ 착한 일을 한 사람은 칭찬 받고
　　나쁜 일을 한 사람은 벌을 줌 … ☐☐☐☐ (28페이지)

☐ 책 읽기에 푹 빠짐 … ☐☐☐☐ (50페이지)

- 친구와 아주 친함 … ☐☐☐ (94페이지)

- 크게 될 사람은 늦게 이루어짐 … ☐☐☐ (44페이지)

- 태도가 아주 거만하여 남을 무시함 … ☐☐☐ (98페이지)

- 하늘이 높고 말이 살찔 만큼 좋은 계절 … ☐☐☐ (152페이지)

- 한 가지 일로 두 가지 이익을 얻음 … ☐☐☐ (130페이지)

- 한 가지 일을 해서 두 가지 이익을 얻음 … ☐☐☐ (132페이지)

- 혼자서 아무것도 할 수 없음 … ☐☐☐ (18페이지)